Sommaire

W0244100

Scènes de guerre.

JOFFRIN

Yougoslavie, suicide d'une nation

SLOVENIE
CROATIE
BOSNIE
HERZEGOVINE

Les six républiques de la Yougoslavie de Tito et les deux régions autonomes de Serbie, la Voïvodine et le Kosovo. Cette autonomie sera réprimée par Belgrade avant même le conflit.

Josip Broz, dit Tito, chef des partisans communistes et fondateur de la Fédération de Yougoslavie. Il a imposé à la fois le communisme et l'unité politique à son pays. Beaucoup de Yougoslaves auraient souhaité se débarrasser du premier en gardant la seconde. Mais le nationalisme a prévalu.

Yougoslavie, suicide d'une nation

C'est l'histoire d'un pays acharné à se détruire. En 1989, la Yougoslavie était une nation pleine d'avenir. Forte d'une population moderne, courageuse, elle était l'un des mieux placés parmi les pays de l'Est pour sauter dans l'inconnu de l'après-communisme. Installé en 1945 à la suite d'une guerre de libération gagnée sans le secours de l'Armée rouge, le pouvoir de Josip Broz, dit « Tito », avait bureaucratisé l'économie, mais maintenu l'ouverture des frontières et surtout contenu les forces destructrices du nationalisme à l'aide d'une répression sans faille. Comparée à d'autres pays communistes, la Yougoslavie avait moins échoué. Six ans plus tard, elle est passée du faux paradis communiste à l'enfer vrai du nationalisme. À peine sortie de l'utopie « titiste », elle a plongé dans le pandémonium des ethnies.

Cette histoire de drapeaux et de fureur a ravagé l'une des plus belles régions d'Europe, causant la mort de quelque deux cent mille personnes et le déplacement forcé de deux millions d'autres. Elle a aussi déchiré la conscience des Européens. En quatre ans de guerre, les débats, les polémiques, les réquisitoires et les philippiques ont jeté les uns contre les autres intellectuels, politiques et simples citoyens. Les plaidoyers les plus enflammés, les renoncements les plus cyniques, les engagements les plus spectaculaires se sont succédé dans un ballet politico-diplomatique à la fois passionnant et dérisoire. Les intellectuels détenaient le ministère de la parole. Les politiques, celui de l'action. La parole fut flamboyante. L'action prudente et tortueuse.

Quatre ans plus tard, il est possible d'y voir plus clair. À la lumière des faits il est possible de dire : certains ont eu tort, d'autres ont eu raison. Et pour une fois, le déroulement des événements démontre que les « intellectuels irresponsables » ont vu plus juste que les responsables. La non-intervention des démocraties européennes dans ce conflit européen a eu des conséquences désastreuses, pour les Yougoslaves et pour l'Europe, alors même qu'elle était possible. Telle est la leçon principale de ces quatre années. Mais il ne s'ensuit pas que les militants aient eu toujours raison. Bien au contraire, fondée sur une émotion profonde mais sur une analyse sommaire, la mobilisation en faveur de l'un ou l'autre des peuples en guerre, aussi légitime soit-elle, a souffert de naïveté. Aujourd'hui, le comportement des pouvoirs qu'ils ont soutenus, en Croatie notamment, où le « nettoyage ethnique » organisé par Zagreb succède à celui des Serbes, les expose à de cruels contre-pieds. Et comme les médias, condamnés à l'immédiat, ont raconté une histoire fragmentaire, et finalement trompeuse de la guerre, il faut, pour porter un jugement, restituer la complexité du drame. En sortant du manichéisme, on aboutit à deux grandes leçons politiques, qui prennent les catéchismes à revers.

– L'action de Slobodan Milosevic et du gouvernement serbe a joué un rôle décisif dans le déchaînement de la violence ethnique, et l'on ne saurait en aucun cas renvoyer les protagonistes dos à dos. Mais les responsabilités des deux nationalismes qui lui ont fait face, et notamment celui de Franjo Tudjman et du HDZ (Hrvatska Demokratska Zajednica, Union démocratique croate) en Croatie, sont elles aussi écrasantes. Ce n'est pas seulement la barbarie des milices serbes qui a tué la Yougoslavie. C'est l'irresponsabilité criminelle des trois partis nationalistes de Serbie, de Croatie et de Bosnie-Herzégovine. Ceux qui, en France, pensent que l'exaltation de la nation peut fonder une politique – on en trouve dans tous les partis – doivent méditer l'exemple yougoslave : la nation, c'est d'abord la guerre.

Par contrecoup, on mesurera la légèreté de ceux qui, aussi bien intentionnés soient-ils, ont voulu à tout prix que ce conflit mette en présence les loups et les agneaux, les anges et les démons. Si l'on cherche des Justes, on les trouvera dans l'opposition démocratique de Croatie, de Bosnie et de Serbie. Et non dans les cercles dirigeants de trois gouvernements nationalistes qui ont mené leurs peuples à l'abîme.

– Ce n'est pas la politique proserbe de François Mitterrand, l'indifférence cynique des Britanniques, le tropisme croate de l'Allemagne ou l'irrésolution erratique des États-Unis qui ont laissé mourir la Yougoslavie. C'est un mal beaucoup plus profond : celui qui a frappé les grandes démocraties au sortir de leur victoire historique contre le communisme en 1989. Alors même qu'elles avaient triomphé de leurs adversaires, que leurs armées étaient sans rivales, que leur idée des droits de l'individu dominait les esprits sur la plus grande partie de la planète, leurs dirigeants ont failli. Ils ont nié leurs propres principes pour restaurer le vieil axiome des « intérêts nationaux » comme seul critère de la politique étrangère. Et puisque la Yougoslavie n'avait ni pétrole, ni richesses, ni position stratégique, la crise qui la ravageait a été traitée avec incompétence, légèreté et cynisme. On peut le dire aujourd'hui sans grand risque d'erreur : une action résolue aurait prévenu la guerre – ou bien l'aurait abrégée. Mais le vieux dogme des intérêts d'État, qui exclut, en fait, la coopération internationale, a paralysé ceux qui auraient pu mettre la force au service du droit, pour laisser le champ libre à ceux pour qui la force fait le droit.

LE PROLOGUE DU KOSSOVO

Pour expliquer la guerre, certains ont désigné le péché originel : la reconnaissance de l'indépendance de la Croatie et de la Slovénie par les Européens à la fin de 1991. Consacrant l'éclatement de l'ancienne Yougoslavie, renforçant les tendances centrifuges, elle poussait les Serbes à la guerre et jetait les peuples des Balkans les uns contre les autres. Le problème, c'est que la guerre de Yougoslavie n'a pas commencé avec ce geste, mais bien avant. Certes, cette reconnaissance décidée sous la pression de l'Allemagne fut prématurée, maladroite et au bout du compte nuisible. Mais la genèse du conflit est autrement plus profonde. Quand les Européens reconnaissent la Croatie, Vukovar est déjà détruite et tombée aux mains des Serbes. La guerre a commencé six mois plus tôt. Et elle a des racines bien plus anciennes. Pour comprendre vraiment l'affaire, il faut revenir en fait dans le berceau de la nation serbe. Il faut revenir au Kossovo.

Rien d'étonnant à ce que le conflit yougoslave ait commencé dans cette région située au sud de la Serbie actuelle, et limitrophe de l'Albanie. Elle est aux Serbes, *mutatis mutandis*, ce que l'Île-de-France est aux Français ou bien la Nouvelle-Angleterre aux Américains : le lieu des origines. En 1389, une armée turque commandée par le sultan Mourad a écrasé la coalition des seigneurs serbes emmenée par le prince Lazar. La bataille a eu lieu sur le « Champ des merles » (Kossovo Polje), qui a ensuite donné son nom à la région entière. Les Serbes furent héroïques et malheureux, comme souvent dans leur histoire. Cette défaite glorieuse joue dans leur mémoire collective un rôle fondateur. Elle a aussi fixé le sort des Balkans pour longtemps. Vaincus, les Serbes passaient sous domination ottomane. Ainsi les Slaves du sud, qui avaient essaimé dans cette région depuis la fin de l'Empire romain, se retrouvaient séparés en deux grands groupes : les Serbes orthodoxes inclus dans l'orbite turque, les Croates et les Slovènes catholiques, bientôt intégrés à l'empire d'Autriche. Cette césure a duré plusieurs siècles. Elle a façonné les esprits : les Croates et les Slovènes se sentent européens ; les Serbes se rattachent au vaste ensemble slave et orthodoxe qui s'étend jusqu'à Moscou. Les Croates et les Slovènes ont pris l'habitude de la négociation politique avec un Empire d'Autriche tour à tour répressif et débonnaire ; les Serbes ont dû subir le joug d'un pouvoir ottoman brutal et choisir, à l'heure de la libération, la voie des armes.

La province du Kossovo fut bouleversée par les suites de la bataille dont elle a pris le nom. Progressivement, les Serbes s'en retirèrent (aussi bien, c'était une région très pauvre). Ils furent remplacés par des Albanais, de religion musulmane, dont on dit qu'ils sont les descendants des anciens Illyriens de la conquête romaine. Une situation étrange s'établit progressivement : tenu par les Serbes pour le berceau de leur nation, le Kossovo se retrouva peuplé en grande majorité d'Albanais (jusqu'à 90 %). Un peu comme si, en France, l'Île-de-France s'était peu à peu emplie d'une population de langues et de religions différentes, anglaise ou allemande par exemple. Avec cette difficulté supplémentaire : l'Albanie, nation mère des Kossoviens d'aujourd'hui, est un vieux pays aux traditions solides – celles que chante par exemple Ismaïl Kadaré – qui voit dans le Kossovo limitrophe une extension naturelle de son propre territoire.

Au moment où Tito disparaît, le Kossovo, comme les autres régions de Yougoslavie, repose sur un équilibre instable. Belgrade a conféré à cette province une autonomie qui a donné la prédominance aux Musulmans d'origine albanaise. Du coup, la minorité serbe du Kossovo se sent menacée. Elle a des raisons de l'être : les Albanais mènent une politique qui lui est défavorable. Régulièrement, des incidents opposent des membres des deux groupes. La police, les tribunaux, l'administration, dominés par la majorité albanaise, ne sont pas neutres. Les Serbes en appellent donc à Belgrade, qui ne peut intervenir à sa guise, en raison des obstacles juridiques opposés par le statut d'autonomie. La direction communiste qui a succédé à Tito n'a pas l'autorité, ni même les moyens de l'ancien chef des partisans yougoslaves. Partout le monde communiste craque. L'aspiration des peuples est trop forte et les garanties données par le « centre » de Moscou, en proie à la révolution gorbatchévienne, sont trop fragiles pour maintenir la main de fer du régime des Soviets sur la moitié de l'Europe. Sauf à provoquer un bain de sang dont ils ne sortiraient pas forcément vainqueurs, les communistes au pouvoir doivent louvoyer.

Pour rétablir l'ordre au Kossovo en proie au désordre « nationaliste bourgeois », la direction communiste envoie donc l'un de ses meilleurs éléments, jeune apparatchik au visage carré, à l'éloquence claire et à l'intelligence politique redoutable : Slobodan Milosevic. Dans un premier temps, l'envoyé du praesidium use de la vieille rhétorique titiste : les Yougoslaves doivent rester dans la discipline communiste ; toute agitation ethnique ou nationaliste, quelles que soient ses origines, est condamnable en soi. Les Serbes mécontents doivent donc rentrer dans le rang, trouver un accommodement avec les Albanais qui, eux-mêmes, doivent se prêter à un compromis. Ce discours est une constante du titisme. Le chef du Parti communiste de Yougoslavie savait qu'il n'y avait pas d'autre politique possible dans ce pays divisé en ethnies rivales et bientôt hostiles. Équilibre entre les peuples de la fédération, pouvoir sans faille du Parti : hors de ce système, on ouvrirait la boîte de Pandore des nationalismes. Beaucoup de Yougoslaves, aujourd'hui, regrettent cette époque ancienne, où le pouvoir de la bureaucratie communiste étouffait la société, certes, mais gardait aussi sous l'éteignoir la force dangereuse des nationalités. Il eût fallu, pensent-ils, sortir du communiste sans sortir du système fédéral… C'est, par exemple, la position défendue par Emir Kusturica, le metteur en scène primé à Cannes et accusé de propagande proserbe. À Sarajevo après 1992, et jusque très tard dans l'histoire du siège, un portrait de Tito continua d'orner un grand mur dans l'avenue principale de la ville sans que personne, ni le gouvernement ni les citoyens visés par les snipers et les obusiers serbes, ne souhaitent le faire enlever.

Le fait est qu'en 1988, au Kossovo comme ailleurs, le discours communiste est usé. L'aspiration à la démocratie est trop forte. La doctrine fédéraliste apparaît à ce moment comme une chose dévoyée, ruinée, par le mensonge communiste qui ne laissait s'exprimer les nationalités qu'en apparence, alors qu'en fait le pouvoir du Parti assurait une centralisation autoritaire impitoyable. Comment, dans ces conditions, contenir l'aspiration nationaliste, quand partout en Europe la prison des peuples que fut le régime stalinien s'effondre à grand fracas, rendant les citoyens de l'Est à la légitime exigence de leur identité ? Pourquoi les Polonais, les Allemands de l'Est, les Baltes ou les Slovaques ne pourraient-ils conquérir le droit de disposer d'eux-mêmes, comme ils l'exigeaient déjà en 1830 contre la Sainte-Alliance ?

Intelligent, calculateur, sans doute déjà gagné au nationalisme serbe, Slobodan Milosevic comprend le premier au sein de l'appareil communiste que les temps ont changé. Après avoir fait mine de contredire ses compatriotes serbes en butte à la majorité albanaise, il tourne casaque et épouse à fond leur revendication. Mieux : de retour à Belgrade, il exalte la patrie opprimée au Kossovo et lance des appels dramatiques à la mobilisation serbe.

Là réside sa première responsabilité. Un peu comme Mao aux temps de la « Révolution culturelle », Milosevic utilise la mobilisation populaire autour du nationalisme serbe comme un levier pour conquérir le pouvoir au sein de l'appareil communiste. Il se lie aux intellectuels nationalistes de l'université de Belgrade qui remettent à l'honneur, dans un texte devenu célèbre, le projet d'une « Grande Serbie » ethniquement pure. Ce texte est important : plus tard, devant l'ampleur des exactions serbes en

Croatie et en Bosnie, il servira de document à charge pour nourrir l'accusation de « crime contre l'humanité » développée contre le pouvoir serbe. Les massacres ne sont pas seulement massifs. Ils sont programmés, au nom d'une idéologie préalablement constituée. Ainsi les deux éléments principaux de l'incrimination sont-ils réunis…

Les concurrents de Milosevic au sein du Parti sont emportés par le vent qu'il a fait lever. En quelques mois de meetings et d'émotion populaire, « Slobodan » devient le chef du Parti. Il fait nommer un homme à lui à la présidence et, conformément à l'aspiration des nationalistes serbes, il supprime l'autonomie du Kossovo. Officiellement, il s'agit d'obtenir les moyens juridiques de venir en aide à la minorité serbe de la région. En fait, on assiste à un renversement complet de l'ancienne situation. D'opprimés, les Serbes du Kossovo passent au statut d'oppresseurs, monopolisant les postes de responsabilité dans l'État, pratiquant l'interdiction professionnelle de fait dans tous les secteurs de l'élite, réprimant durement toute protestation albanaise.

Conquérant le pouvoir, Milosevic tend à restaurer la grandeur serbe abaissée par Tito et sa politique d'équilibre. On voit bien que c'est cette politique qui a déclenché le conflit yougoslave, et non une reconnaissance juridique de la Croatie par les puissances – qui surviendra plusieurs années plus tard. Dans la Yougoslavie travaillée par le ressentiment ethnique, le comportement de Milosevic revient à se promener dans une poudrière avec une torche.

Slobodan Milosevic, chef de la Serbie nationaliste. Il a déclenché la guerre pour assurer la suprématie de son pays. Quatre ans après, il l'a affaibli économiquement et politiquement et a dû accepter l'exode des Serbes de Krajina dont il s'était déclaré le protecteur.

L'EXPLOSION DES PEUPLES

L'équilibre instauré par Tito en Yougoslavie est d'une extrême fragilité. Les Serbes ont la supériorité numérique et une forte légitimité historique. Ils ont été les premiers à se soulever les armes à la main contre l'occupant turc, au début du XIXe siècle. Ils ont obtenu l'indépendance au terme d'une lutte farouche, pour constituer un royaume semi-démocratique sous la domination des Obrenovic et des Karageorgevic. Ce royaume s'est engagé pendant la Première guerre mondiale aux côtés des puissances occidentales contre les Empires centraux, manquant de disparaître à la suite de l'attaque autrichienne, sauvé *in extremis* par une intervention maritime française, puis reconquérant glorieusement son pays au sein d'une armée commune commandée par le maréchal Franchet d'Esperey, dont la statue orne une grande partie des places publiques de Serbie.

Les Croates, au contraire, ont toujours privilégié la négociation pour obtenir de l'Empire d'Autriche un peu plus d'autonomie, vite contrecarrés par tel ou tel souverain de Vienne plus raide ou plus expansionniste que son prédécesseur. C'est l'attitude de l'un d'entre eux, désireux d'affirmer sa présence en Bosnie, qui entraîna l'assassinat du grand-duc François-Ferdinand par un Serbe de Bosnie aidé par les services secrets de Belgrade en juin 1914. Plus riches, plus « civilisés », les Croates, dont un groupe d'intellectuels a le premier, au XIXe siècle, proposé l'unité des Slaves du Sud, éprouvent à l'égard des Serbes le respect de ceux qui voient leurs voisins se battre pour l'indépendance, en même temps qu'une extrême méfiance devant ce peuple dur, sûr de lui et dominateur.

Situés un peu plus à l'ouest et au nord, plus proches, donc, des nations d'Europe de l'Ouest, les Slovènes se tiennent pour européens autant que pour yougoslaves. À l'extrême sud, les Macédoniens se méfient aussi des Serbes, mais surtout des Grecs, qui dénient jusqu'au droit à cette petite république de porter de nom de Macédoine, tant leur sentiment est intense à l'égard des territoires du Nord, où régnaient jadis Philippe et Alexandre, et qu'ils considèrent comme partie intégrante de la nation grecque. Athènes craint – à juste titre – l'irrédentisme macédonien et pratique à l'égard des Serbes une solidarité sans failles renforcée par l'adhésion commune à la religion orthodoxe.

Pour toutes ces raisons, l'attitude de Milosevic diffuse une angoisse dramatique au sein des autres républiques de la fédération. C'est qu'elle réveille d'anciens souvenirs. En 1919, aux termes du traité de Trianon, le royaume des Serbes, des Croates et des Slovènes a été formé pour unifier la Yougoslavie après l'effondrement de l'Empire Turc et de l'Empire d'Autriche. Dès cette époque, cette unification repose sur un malentendu. Pour les Croates, les Slovènes et les autres peuples associés, il s'agit d'unir ses forces à la Serbie dans l'égalité des droits et des devoirs. Pour les Serbes, il s'agit de reconnaître la vocation naturelle de la Serbie, le peuple le plus nombreux et le plus conscient des intérêts slaves, à orienter le nouvel État. Certains nationalistes serbes, se fondant sur l'unité linguistique de la région (tout le monde parle serbo-croate), vont jusqu'à tenir tous les Yougoslaves pour des Serbes, dont certains ont seulement été convertis indûment au catholicisme (les Croates) ou à l'Islam (les Musulmans bosniaques). Ainsi jusqu'en 1941, jusqu'à ce que la Yougoslavie soit entraînée dans la guerre par l'attaque allemande, l'histoire du pays n'est qu'une succession de conflits plus ou moins ouverts entre les peuples réunis sous la même couronne, dont l'épisode le plus spectaculaire est l'assassinat du leader du parti croate par un Serbe en plein Parlement de Belgrade. Les dix dernières années de l'entre-deux-guerres se sont résumées à une dictature serbe plus ou moins brutale sur le royaume fondé en 1919.

C'est en Croatie que l'inquiétude est la plus vive. Au moment où Milosevic commence à chevaucher le grand tigre serbe, la Croatie sort rapidement du communisme. À l'inverse de ce qui se passe en Serbie, l'appareil du Parti croate se dissout et une vie politique véritable commence à s'organiser. Très schématiquement, elle se répartit en trois forces distinctes : les anciens communistes ; une coalition du centre aux options européennes, démocratiques et sociale-démocrates ; un parti nationaliste (le HDZ) prônant l'indépendance. Aux élections présidentielles prévues pour 1991, tout le monde s'attend à une victoire de la coalition du centre, qui incarne le mieux les aspirations démocratiques de l'ancienne dissidence anticommuniste. Mais entretemps, le spectre serbe agité par Milosevic produit son effet. Effrayés par la perspective d'une fédération post-communiste dominée par le peuple rival, les Croates rallient de plus en plus le parti nationaliste, pour qui il n'existe pas de salut hors de la sécession et de l'indépendance pure et simple. Si bien qu'en 1992, le chef du HDZ, Franjo Tudjman, est élu président de la république de Croatie.

En Serbie, cette élection est perçue comme une provocation. Parti légaliste (au départ en tout cas), plutôt pacifique, le HDZ réveille chez les Serbes l'infernal souvenir du mouvement « oustachi » du leader fasciste Ante Pavelic, qui gouverna « l'État libre de Croatie » à l'ombre du drapeau allemand de 1941 à 1945. Mis en place par Hitler et Mussolini alors qu'il représentait à peine 3 % des Croates, Pavelic fut un des zélateurs les plus ardents de la politique raciale mise à l'ordre du jour par les nazis. Lancé dans une guerre civile impitoyable contre les partisans yougoslaves, Pavelic s'en prit à la population juive et serbe de la région avec une violence et une cruauté inouïes. Massacres de masse, tortures en tous genres, assassinats d'enfants, de femmes, viols en série : plusieurs centaines de milliers de Juifs et de Serbes furent exterminés par les bandes oustachies du petit führer des Balkans.

La mémoire de la Seconde Guerre mondiale et de son cortège d'horreurs est particulièrement vive en Krajina, où la répression oustachie atteignit son paroxysme. Ces Serbes minoritaires de la Croatie ont une longue histoire, qui remonte elle aussi à la bataille de Kossovo. Une partie des Serbes s'enfuirent dès cette époque devant l'avance turque. Beaucoup s'établirent dans les montagnes du sud de la Croatie, dans cette région qu'on appelle la Krajina (les confins). Plus tard, les Autrichiens virent dans la présence de cette population émigrée, dont les compatriotes étaient opprimés par les Turcs, un atout dans la lutte contre les conquérants de l'Est. Placés sur la grande frontière entre islam et chrétienté, les Serbes de Krajina formèrent le poste avancé de l'Europe contre l'expansion musulmane. Ils en ont gardé une grande fierté – et une grande défiance à l'égard des « Croates de l'arrière ».

Avec un tel passé, ils ne pouvaient admettre la prédominance croate que si la Fédération surplombait de son autorité tutélaire les autorités de Zagreb. En l'absence de cette garantie, c'est-à-dire au sein d'un État croate indépendant, ils se voyaient déjà livrés sans défense à la vindicte majoritaire. C'est là que le poison nationaliste répandit sa deuxième dose mortelle, après la désastreuse affaire du Kossovo. Au lieu de chercher à négocier les droits de la minorité serbe, d'apaiser les inquiétudes des gens de Krajina et d'exiger des garanties pour eux, les hommes de Milosevic poussèrent cette population angoissée à la sécession. Ainsi encouragés, les Serbes de Krajina commencèrent à se rebeller ouvertement contre le gouvernement de Zagreb.

Il faut dire que la politique catastrophique menée par Franjo Tudjman à peine son élection acquise les orientait déjà vigoureusement dans cette direction. Le chef du HDZ ne trouva rien de mieux, en effet, que de rétablir l'ancien drapeau de l'État libre de Ante Pavelic en lieu et place du drapeau yougoslave et de modifier dans la constitution la phrase qui précisait que la République croate était aussi, à égalité, celle des Serbes de Krajina, pour les reléguer à un rang second.

Franjo Tudjman a été décrit par les nationalistes serbes et par une partie des observateurs en Occident comme un oustachi déguisé. La chose est tout à fait fausse : le père de Tudjman fut précisément tué en luttant dans la résistance yougoslave contre les troupes de Pavelic et le jeune Franjo prit à son tour les armes pour combattre le gouvernement oustachi. Communiste pendant trois décennies, Tudjman n'a jamais professé de thèses fascisantes ni prôné le recours à la violence. En revanche, sa conversion au patriotisme croate dans les années soixante-dix, le conduisit bizarrement à tenter de minimiser les exactions oustachies pendant la guerre, ce qui accrédita l'accusation de « révisionnisme » qu'on porte régulièrement contre lui depuis cette époque. Moins que son passé, c'est sa politique qui fut un chiffon rouge pour les Serbes. Déterminé à obtenir l'indépendance, renforcé dans sa volonté par l'agressivité du clan Milosevic, Tudjman traita les Serbes de Krajina avec le plus grand mépris et la plus grande irresponsabilité. Au lieu de chercher les gestes propres à les rassurer, à enclencher le mécanisme de la négociation, les deux affaires du drapeau et de la constitution démontrent, à tout le moins, son indifférence à l'égard d'une population pourtant établie en Croatie depuis des siècles et légitimement inquiète de l'attitude de Zagreb à son égard. Ainsi raisonne le nationalisme, qui dénie aux peuples plus faibles les droits qu'il réclame avec la dernière violence pour lui-même.

La mécanique de la guerre

La Krajina fut le laboratoire de la guerre. Dans l'improvisation, le cynisme et l'inconséquence, les successeurs nationalistes de Tito y ont construit la machine infernale qui allait sceller le sort de leur peuple. Une machine en fait fort simple, même si son fonctionnement revêt l'apparence de la complexité. Appuyés sur l'Histoire, lancés dans une course folle au pouvoir, les hommes de Milosevic, reprenant l'ancienne tradition grand-serbe, considèrent que leur peuple doit dominer la fédération yougoslave. Et si la chose s'avère impossible en raison de l'opposition des autres peuples, ils doivent réunir tous les Serbes de Yougoslavie au sein du même État. La politique de Belgrade oscille donc entre deux pôles : une négociation biaisée sur la survie de la Yougoslavie propre à assurer l'impérium serbe, qui abusera un temps les Européens ; une politique dite de la « Grande Serbie », qui consiste, par tous moyens, à établir une continuité géographique entre les Serbes de Serbie, de Bosnie et de Croatie. La première politique ayant échoué, Belgrade se lança dans la guerre pour réaliser la deuxième, en arguant de la nécessaire protection des minorités serbes hors de la Serbie. Cette stratégie supposait deux choses : une victoire militaire contre les Croates et les Musulmans ; l'expulsion par la force des populations non serbes dans les régions qu'on souhaitait réunir entre elles. Cette expulsion était de dimension variable, selon le critère choisi. On pouvait déclarer serbes les

L'horreur au quotidien.

terres où les Serbes étaient majoritaires ; on pouvait aussi, dans une acception extrémiste qui fut un temps à l'ordre du jour, tenir pour tels les territoires où l'on trouvait « des Serbes », quel que fût leur nombre. Dans tous les cas, le nationalisme de Belgrade inscrivait à son programme la mort de dizaines de milliers de personnes et la déportation de millions d'autres.

Franjo Tudjman avait un objectif unique : obtenir l'indépendance de la Croatie et en faire un État européen à part entière, avec son drapeau, son armée et son siège à l'ONU. Il était prêt à en discuter. Mais il ne croyait en aucune manière dans la possibilité de sauver la fédération yougoslave. Dès avant son élection, il prépara la proclamation d'indépendance, demanda discrètement le soutien de l'Allemagne et des autres pays européens, et commença à armer secrètement ses partisans dans toute la Croatie. Tudjman était renforcé dans cette résolution par l'attitude de Milosevic, dont tout indiquait qu'il souhaitait user des institutions fédérales à l'avantage des Serbes. Mais jamais Tudjman n'envisagea sérieusement la possibilité de sauver la fédération, ni même de négocier un compromis transitoire avant l'indépendance. Il a, lui aussi, tenu les brandons qui ont mis le feu à son pays.

GUERRE EN EUROPE

Depuis le 8 mai 1945, le territoire européen avait été préservé de tout conflit armé. Si l'on excepte les affrontements de Chypre – plus lointains – et la guérilla urbaine d'Irlande du Nord, jamais un gouvernement européen ni un mouvement politique n'avaient pris la responsabilité de régler un différend par la violence. En raison de l'horreur suscitée *a posteriori* par la Seconde Guerre mondiale, grâce à la coopération au sein de la Communauté européenne, et aussi à cause de la menace permanente que le Pacte de Varsovie faisait peser sur elle, l'Europe avait vécu en paix pendant près d'un demi-siècle. Ce que l'affrontement Est-Ouest n'avait pas provoqué, le choc des nationalismes balkaniques allait le produire : une guerre ouverte au cœur du continent européen.

Le premier coup de feu fut tiré en Slovénie. Petit pays homogène proche de l'Autriche, le plus européen des peuples balkaniques, la Slovénie déclara la première son indépendance, sans pratiquement négocier. Même si aucune minorité serbe n'existait en Slovénie, Belgrade ne pouvait rester sans réagir. Le geste unilatéral de la Slovénie était un précédent mortel pour la fédération. L'armée fédérale, présente sur tout le territoire, dominée par les Serbes, reçut donc l'ordre de s'opposer par la force à la sécession.

Elle le fit très mollement. En fait, Milosevic ne pensait pas possible d'empêcher les Slovènes de quitter la Yougoslavie. Il ne pouvait, au demeurant, se lancer dans un conflit armé à grande échelle aussi loin de ses bases (il faut traverser la Croatie pour se rendre de Serbie en Slovénie), sans l'appui d'une forte minorité sur place. Une drôle de guerre se déclara donc entre l'armée yougoslave et les partisans slovènes, qui s'acheva au bout de quelques semaines par le retrait fédéral et l'indépendance du pays rebelle. C'est à ce moment que les Européens, effrayés devant la tournure des événements, tentèrent d'apaiser une querelle qui couvait pourtant depuis plusieurs années. La Communauté européenne dépêcha un négociateur anglais, Lord Carrington, pour tenter de trouver un compromis et assurer une sortie en douceur du communisme. Il s'agissait d'échanger l'acceptation par les Serbes de la sécession progressive et négociée de la Slovénie (il était bien tard…) et de la Croatie, en échange d'une protection officielle et absolue des minorités. Après de longues palabres, Milosevic accepta l'accord. Mais le jour où Carrington réunit les présidents des six républiques pour leur faire adopter un texte commun, les Serbes rompirent les négociations. Dans le document, en effet, Carrington avait prévu que le droit de faire sécession (déjà inscrit dans les constitutions de l'ère titiste) serait étendu aux autres républiques, quitte à ce qu'une négociation s'ouvre ensuite sur le maintien d'une entité yougoslave englobant les différents peuples. Malentendu ou mauvaise foi ? Les Serbes tirèrent argument de l'inversion de l'ordre des opérations. Pour eux, il fallait d'abord fixer les nouvelles règles fédérales – ou confédérales – avant de discuter de l'indépendance de telle ou telle république. En fait, la question concernait principalement la Bosnie, où la minorité serbe représentait un tiers de la population. Selon l'argumentation de Belgrade, la sécession de la Bosnie priverait la minorité bosno-serbe de toute garantie au sein d'une république où les Musulmans et les Croates formaient la majorité des deux tiers. Est-on passé tout près d'un accord ? Peut-être. Mais là encore l'exaltation nationaliste fit tout échouer. Voyant à la fois s'éloigner le maintien d'une fédération où leur voix serait prédominante et la réalisation du projet alternatif de grande Serbie, les hommes de Milosevic choisirent la politique du pire. Estimant que l'occasion historique de libérer leur nation à la fois de l'emprise communiste et de la menace serbe ne passerait pas deux fois, le HDZ de Franjo Tudjman et bientôt le mouvement musulman d'Alia Izetbegovic en Bosnie prirent très vite leur parti de l'échec des négociations et acceptèrent, en fait, la perspective de la guerre. Leur seul espoir était de l'empêcher grâce à une reconnaissance internationale des nouveaux états, qui obligerait les Européens à intervenir pour contenir les Serbes. Mais la Communauté européenne en était restée à l'espoir, désormais chimérique, de voir la Fédération de Yougoslavie survivre à l'effondrement du communisme. Les discussions se poursuivirent donc, pendant que chacune des parties fourbissait ses armes. « L'impérialisme serbe » était bien à l'origine de cette situation. Mais l'irresponsabilité dramatique des deux autres gouvernements, celui de Zagreb et celui de Sarajevo, a précipité le conflit.

À ce stade, une seule politique aurait pu l'éviter : une intervention préventive et énergique des grandes démocraties. Les meilleurs observateurs de la région, diplomates ou experts, la réclamèrent. Un déploiement des casques bleus aux frontières des trois républiques, assorti d'une injonction de négocier à la fois sur le statut des minorités et sur le maintien d'une entité yougoslave, aurait presque certainement prévenu le déchaînement des armes. Pour déclencher la guerre, les Serbes n'auraient pu compter que sur les forces armées fédérales déjà présentes en Croatie et en Bosnie, ce qui rendait leur pari extrêmement hasardeux. Dès lors que l'Europe unie aurait imposé aux deux autres protagonistes de Zagreb et de Sarajevo les concessions indispensables (calendrier plus progressif, maintien formel d'une union entre les républiques, garanties claires et indiscutables pour les minorités dans chaque république), la paix gardait ses chances.

Mais dans l'ignorance absolue de l'opinion, et parfois des responsables, personne ne mesura les risques encourus dans les Balkans. Les Français pensaient – bien à tort – que l'ancienne Yougoslavie pouvait survivre, et adressaient leur sympathie à la partie serbe en raison d'un passé commun bientôt séculaire ; les Allemands ne comprenaient pas au nom de quoi on devait retarder ou rogner l'indépendance de la Croatie, dès lors que ce peuple ami manifestait clairement sa volonté de disposer de lui-même. Les Britanniques comprenaient encore moins pourquoi les Européens devaient se mêler d'un conflit qui ne mettait en cause aucun de leurs intérêts et où il n'y avait que des coups à prendre, comme toujours, selon eux, dans les Balkans.

Aucun dirigeant des démocraties, en fait, ne saisit l'enjeu véritable de l'affaire : vainqueurs de la guerre froide, voyant s'effondrer de lui-même un régime redoutable qui les avait menacés pendant quarante ans, ils ne comprirent pas qu'il fallait, en usant de la position de force soudainement acquise, substituer à l'ordre caduc une organisation nouvelle en Europe, qui interdise le recours à la violence pour régler les conflits de frontière ou de minorités et qui repose sur le principe du pluralisme religieux et ethnique. Refusant de mettre une force – serait-elle symbolique – au service de la paix dans les Balkans, les Européens se condamnaient eux-mêmes à l'impuissance devant l'incendie nationaliste.

Voilà, dira-t-on, une thèse facile à défendre quatre ans après les faits, tranquillement assis dans son fauteuil. Pourtant, on sait aujourd'hui que là où des enjeux stratégiques plus nets se manifestaient, en Macédoine, où le déclenchement d'un conflit armé risquait de mettre aux prises, par contrecoup, la Grèce et la Turquie, deux pays de l'OTAN, alliés traditionnels de l'Amérique, on déploya rapidement des casques bleus. Les États-Unis firent savoir qu'il s'agissait là d'une ligne rouge, dont le franchissement aurait les plus graves conséquences. Moyennant quoi, en dépit d'une tension extrême, la paix fut maintenue en Macédoine pendant les quatre années de guerre en Croatie et en Bosnie. Mieux : constatant que le maintien de la Yougoslavie unifiée devenait problématique sans intervention extérieure, François Mitterrand, bien plus lucide qu'on ne l'a dit par la suite, demanda lui-même le déploiement de troupes internationales, preuve que cette idée n'était pas seulement le fait d'observateurs naïfs. Mais il ne fut pas écouté par ses partenaires. Les chances de la paix s'amenuisaient.

Jugeant qu'aucun intérêt d'État n'obligeait les démocraties à prévenir la guerre entre Croates, Serbes et Bosniaques, le camp de la démocratie se contenta de négocier. « Parler doucement avec un gros bâton », disait Théodore Roosevelt. On parla doucement, sans aucun bâton. Dès lors, le sort des peuples de Yougoslavie était scellé. Par folie ou par ignorance, on avait ouvert la porte de l'enfer.

Ivan Stambolic et Slobodan Milosevic.

Le crime serbe

Voyant s'éloigner son premier objectif, le maintien d'une fédération qu'il dominerait, le gouvernement de Milosevic se rabat sur le deuxième : la réunion de tous les Serbes de Yougoslavie au sein d'un État unique, gouverné de Belgrade. Pour y parvenir, on l'a dit, il faut remplir deux conditions : une victoire militaire contre la Croatie ; l'expulsion des populations non serbes des territoires conquis. La victoire militaire est à portée de main : l'armée fédérale, dominée par des officiers serbes, est intacte. Elle est fortement armée, encadrée par des professionnels et présente sur tout le territoire de la fédération. Sans hésiter, Milosevic engage les hostilités. Il dispose en effet d'une couverture légale : le gouvernement fédéral. « Monsieur l'ambassadeur, dit à ce moment l'envoyé de Belgrade au représentant des États-Unis en Croatie, combien y a-t-il d'armées aux États-Unis ?

— Une seule, bien sûr, répond l'Américain.

— Eh bien, c'est la même chose en Yougoslavie. Il ne peut y avoir qu'une seule armée. »

Prévoyant la guerre, les Croates sont en train de constituer en catastrophe un début d'armée nationale à partir des milices nationalistes, qu'ils arment en s'approvisionnant sur le marché clandestin. L'occasion est trop belle pour Belgrade : dénonçant cet acte de sécession, les Serbes lancent leur armée à l'assaut de la Croatie. Là réside leur première grande responsabilité : alors même qu'ils acceptent officiellement, devant les diplomates européens, l'indépendance croate, ils la refusent sur le terrain, préférant la guerre à la sécession, pourtant démocratiquement votée. Dans cette affaire, la protection de la minorité de Krajina et de Slavonie n'est qu'un prétexte. Sur les ordres de Belgrade, l'armée fédérale se lance dans une guerre de conquête pure et simple, au seul profit de la partie serbe. Impossible, dès lors, de renvoyer Croates et Serbes dos à dos. C'est bien Slobodan Milosevic qui a pris la responsabilité de déclencher, pour la première fois depuis 1945, des opérations militaires de grande envergure sur le territoire européen. Il le fait avec une brutalité rare.

L'armée fédérale est la seule à disposer d'armes lourdes, de chars et d'aviation. Mais ses adversaires croates sont plus coriaces qu'on pourrait le penser : ils ont été formés à l'école de Tito. Vainqueur d'une guerre de partisans contre l'armée allemande, le fondateur de la République yougoslave avait organisé l'armée du nouvel État sur les principes de la guérilla. Chaque citoyen yougoslave devait, au terme de ces principes, prendre en charge la défense de son pays. Service militaire permanent, caches d'armes disséminées sur tout le territoire, entraînement à la guerre de partisans : le système de défense adopté par Tito faisait des Slaves du Sud un peuple casqué, prêt à la levée en masse. Pressentant la rupture avec Staline, Tito comptait sur cette organisation redoutable pour dissuader tout agresseur. L'armée qui occuperait la Yougoslavie, pensait-il, devrait faire face à une résistance populaire massive, qui lui rendrait la situation intenable.

Attaquant la Croatie survoltée par l'esprit national, l'armée fédérale risquait de voir se retourner contre elle les groupes de partisans qu'elle avait elle-même constitués. Peu soucieux de se lancer dans une guerre de rues impitoyable qui leur coûterait très cher en effectifs, les généraux serbes jouèrent leurs atouts : l'artillerie lourde, les chars et les avions de guerre. C'est ainsi que fut conquise la première grande villes assiégée, Vukovar. Non pas par des fantassins occupant la capitale de la Slavonie maison par maison, mais au terme d'un bombardement au canon de gros calibre qui la détruisit totalement. L'Europe horrifiée vit ainsi, sous l'égide de l'armée fédérale, se reproduire les destructions atroces de la Seconde Guerre mondiale. Pertes civiles effroyables, quartiers entiers transformés en champs de ruines, réfugiés terrorisés : tels étaient les moyens choisis par le nationalisme serbe pour parvenir à ses fins.

Il fallait ensuite appliquer la deuxième partie du programme : l'expulsion des habitants indésirables, quand bien même leur enracinement dans les régions convoitée daterait-il du Moyen Âge. Cette politique portait un nom, adopté quelques années plus tôt dans un texte célèbre élaboré par les intellectuels nationalistes de l'université de Belgrade : le nettoyage ethnique – *ethnic cleansing*, qu'on traduit de manière inutilement polémique par « purification ethnique », terme dont la connotation raciste est plus dramatique, mais inexacte.

C'est à partir de cette politique inhumaine et délibérée qu'on bâtit en Occident l'idée d'un racisme serbe, et que l'on compara vite Slobodan Milosevic à Adolf Hitler.

Sans chercher aucune excuse au gouvernement serbe, la vérité oblige à dire que cette assimilation est fallacieuse. Ce qui fait la caractère unique du nazisme, c'est la volonté claire et organisée, mise en œuvre à partir de 1942, d'éliminer par le massacre de masse une population entière, en l'occurrence la population juive européenne. Aussi sévère, aussi indigné qu'on soit devant le comportement des soldats serbes, il est inexact de dire qu'ils cherchaient l'annihilation de tous les Croates tombés en leur pouvoir. Le « nettoyage ethnique » n'est pas un avatar de la « solution finale » hitlérienne. C'est une politique d'expulsion par la terreur. Les Serbes ne cherchaient pas à tuer tous les Croates. Ils cherchaient à les faire partir en les terrorisant par un déchaînement de cruauté. Les moyens employés les rendent passibles des tribunaux internationaux. Mais, quoi qu'on en pense, ils ne les identifient pas aux criminels nazis. De la même manière, l'ancien apparatchik communiste Slobodan Milosevic gouverne son pays d'une main de fer. Mais il ne cherche pas, à l'instar d'Hitler ou de Mussolini, à créer en Serbie un « homme nouveau » et un système économique et politique radicalement différent des autres. Opportuniste, cruel, réaliste, il cherche à se maintenir au pouvoir en atteignant des objectifs politiques plutôt traditionnels. Milosevic est un nationaliste ordinaire, particulièrement redoutable. Il n'est pas un nazi.

Cette distinction sémantique est indispensable, sauf à tomber dans la confusion intellectuelle.

Concrètement, elle atténue fort peu la culpabilité des miliciens grands-serbes. Pour parvenir à ses fins, Milosevic choisit en effet de s'allier avec ce que la vie politique de Belgrade compte de pire : les petits partis paramilitaires de l'extrême droite. Dès le début des hostilités en Croatie, le chef du gouvernement serbe prend langue avec le jeune chef des « tchetniks » de Belgrade, Seselj, et lui demande de rejoindre avec ses hommes les soldats de l'armée fédérale aux prises avec les Croates. Seselj se réclame de la tradition des partisans du général nationaliste Draza Mihailovic, le chef de la résistance non-communiste pendant la Seconde Guerre mondiale. Ces partisans antiallemands, eux-mêmes à la limite du fascisme s'étaient baptisés *tchetniks*. Ce sont les miliciens de Seselj qui vont mettre en œuvre la politique d'expulsion par la terreur désormais connue sous le nom de « nettoyage ethnique ». Elle consiste pour l'essentiel à liquider par les armes tous ceux qui sont soupçonnés de s'être battus contre l'armée fédérale, à rafler les familles, à violer femmes et filles devant les enfants, puis à tuer tout le monde en assortissant le crime d'humiliations, de tortures et de mutilations diverses. La maison des victimes est ensuite brûlée et les corps laissés plusieurs jours à l'abandon dans les rues ou les jardins à des fins d'édification publique.

Appliquée dès les premiers jours des combats, la politique de « nettoyage ethnique » est d'une grande efficacité. Des milliers de réfugiés croates emplissent les hôtels de Zagreb et des autres villes de Croatie, fuyant l'avance de l'armée fédérale. Ils seront bientôt des dizaines de milliers, dont beaucoup prennent le chemin de l'Allemagne fédérale. La RFA sera le seul pays européen à accueillir massivement les réfugiés de la guerre de Yougoslavie, principalement des Croates. En quelques semaines, les troupes de Belgrade écrasent sans peine l'embryon d'armée croate et établissent au nord-est du pays, en Slavonie, et au sud, en Krajina, un protectorat bientôt doté d'institutions indépendantes. Les deux régions sont vidées par la terreur de la majorité de leurs habitants croates. Les terres, les maisons, les biens mobiliers que les réfugiés n'ont pas pu emporter sont confisqués par les Serbes. Milosevic a gagné la première partie de son pari : il doit accepter l'indépendance de la Croatie ; mais il a, en compensation, créé sur le territoire de ses ennemis une entité serbe sécessionniste qui lui est toute dévouée.

Franjo Tudjman, président de la Croatie. Après quatre ans de guerre, il est parvenu à ses fins : l'indépendance de son pays et la mise au pas des minorités ; les Serbes de Krajina ont été expulsés.

Alija Izetbegovic, président de Bosnie. Pris dans la mécanique du conflit, il a fait face avec courage, mais son attitude politique n'est pas exempte de nationalisme.

Le martyre de la Bosnie

La rupture entre la Croatie et la Serbie provoque une véritable panique en Bosnie-Herzégovine. Abritant sur son territoire trois peuples étroitement imbriqués, sans délimitation spatiale très précise sauf dans certaines vallées, la Bosnie est par essence pluraliste et tolérante : elle ne peut pas survivre sans entente entre les Bosno-Serbes, les Croates d'Herzégovine et les Musulmans. Les mariages mixtes y sont monnaie courante, et Sarajevo est une capitale mélangée dont les habitants cultivent le scepticisme religieux.

Ces Musulmans-là n'ont pas grand-chose à voir avec ceux du Maghreb ou d'Iran. Il faut, là encore, remonter à la conquête turque. En Bosnie-Herzégovine, après la défaite des Serbes devant l'armée turque, une partie des nobles du parti vaincu négocièrent avec les vainqueurs un arrangement tout à fait extraordinaire : les seigneurs du lieu se convertiraient à l'islam, entraînant avec eux leurs vassaux, leurs bourgeois et leurs paysans. En échange de quoi les Turcs les laisseraient tranquilles, les gratifiant même d'une franchise fiscale ! Cette conversion purement tactique est à l'origine de la présence d'une population slave musulmane, principalement urbaine et commerçante, en Bosnie-Herzégovine. Cet « islam alimentaire » a débouché sur une mentalité peu croyante, aux traditions de tolérance et d'ouverture, qui a fait de Sarajevo une ville cosmopolite. Mais pour les Serbes, ceux de Serbie comme ceux de Bosnie, les Musulmans restent marqués par l'infamie de l'antique compromis. Pendant la guerre, selon les traditions d'« hyper-mémoire » en vigueur dans la région, les dirigeants serbes utiliseront en permanence le mot « Turcs » pour désigner les Musulmans de Bosnie, qu'ils tiennent tout bonnement pour un peuple collabo. Il est vrai que la participation, pendant la Seconde Guerre mondiale, de troupes musulmanes aux massacres perpétrés par les oustachis croates contre les Serbes n'a guère arrangé les choses, même s'il s'agissait de comportements très minoritaires en Bosnie.

L'éclatement de la fédération yougoslave fait courir un danger mortel à la petite république : dans cette hypothèse, les minorités croate et serbe seront irrésistiblement attirées vers leur « mère-patrie », réduisant à néant le compromis bosniaque. Les élections libres de l'après-communisme ont porté au pouvoir le chef du parti nationaliste musulman, Alia Izetbegovic, un ancien dissident de l'époque communiste digne et courageux, mais tenté – ses écrits en font foi – par le fondamentalisme religieux. En dépit de ce passé inquiétant, Izetbegovic conclut un pacte de partage du pouvoir avec les deux autres minorités, un peu à la manière de la répartition des postes constitutionnels en vigueur au Liban avant la guerre civile.

Quand la Croatie déclare son indépendance, le président bosniaque adjure les puissances occidentales de ne pas reconnaître le nouvel État. Dans une fédération yougoslave dont la Croatie s'exclurait, la Bosnie se retrouverait en tête à tête avec la Serbie. Aux yeux des Musulmans bosniaques, cette perspective revient à leur délivrer un passeport pour la servitude. Dominés par les Serbes dans la fédération, ils seraient de plus confrontés à la contestation permanente de la minorité bosno-serbe appuyée par Belgrade.

À vrai dire, les hommes de Sarajevo ne purent méditer longtemps sur ces sinistres présages. À l'automne 1991, après avoir reculé le plus possible l'échéance, les puissances occidentales emmenées par l'Allemagne reconnaissent la Croatie indépendante. Le nouvel État est alors en passe d'être écrasé par l'armée fédérale. La destruction de Vukovar a ému les opinions, surtout en Allemagne. On se demande si les Serbes ne vont pas pousser leur avantage et lancer leurs divisions sur Zagreb. On sait aujourd'hui que cette opération décisive a été proposée par les généraux serbes à Milosevic. Le président l'a refusée, calculant sans doute que la prise de Zagreb aurait contraint les Européens à sortir de leur passivité et à s'opposer par les armes aux desseins serbes. Pour sauver la Croatie, l'Europe lui donne donc l'onction du droit international.

Du coup, l'éclatement de la fédération est consommé. Sarajevo se tourne à son tour vers l'Europe et demande la marche à suivre. « Faites un référendum !, répondent les Européens, et nous vous reconnaîtrons. » Acculés, persuadés qu'ils courent à la catastrophe, mais voulant croire, malgré tout, que la reconnaissance internationale obligera les Européens à s'interposer entre eux et Milosevic, les hommes de Sarajevo organisent leur référendum. Très logiquement, les Bosno-Serbes refusent d'y participer : l'indépendance de la Bosnie les placera de fait sous domination musulmane. Deux tiers contre un tiers : Izetbegovic gagne son référendum, obtient la reconnaissance internationale et prie pour que le ciel l'épargne. Quelques semaines plus tard, les Serbes de Bosnie soutenus par Belgrade déclenchent les hostilités à Sarajevo.

La guerre de Bosnie est encore plus terrible que celle de Croatie. Mettant aux prises deux minorités soutenues de l'extérieur, les Croates et les Bosno-Serbes, avec les Musulmans isolés mais condamnés à l'héroïsme, elle n'a ni vainqueur ni vaincu. Opposant des populations qui vivaient ensemble depuis des siècles, elle a la cruauté des guerres familiales. Souvent on fusille le cousin, on viole la belle-sœur et on émascule le neveu. Fidèles à leur tactique, les Serbes cherchent à constituer des entités territoriales homogènes qu'ils contrôleraient, principalement au nord et à l'est de la Bosnie. Mais l'interpénétration des ethnies est telle qu'il faut déplacer par la force des centaines de milliers de personnes. La terreur inaugurée en Croatie par Seselj et ses émules se répand en Bosnie. On tue, on pille, on viole, on torture, on enferme des milliers de personnes dans des camps avant de les envoyer sur les routes, le tout pour ménager aux Bosno-Serbes un territoire homogène et, si possible, continu.

Disposant d'armes lourdes et de chars d'assaut, les Bosno-Serbes encadrés par des officiers et des soldats professionnels venus de Serbie remportent succès sur succès, occupant plus de la moitié du territoire de la Bosnie. Ils tiennent dès le début sous le feu de leurs canons et de leurs francs-tireurs (les tristement célèbres *snipers*) la population de Sarajevo tout entière, qui vivra ces longues années de guerre dans la terreur, les privations, les humiliations et le supplice de la mort lente. Le siège de Sarajevo permet aux Bosno-Serbes de tirer quand bon leur semble sur le gouvernement honni d'Izetbegovic et de faire payer aux civils musulmans toute difficulté qu'ils pourraient rencontrer dans la constitution de leur mini-État ethnologiquement « nettoyé ». Le psychiatre Radovan Karadzic domine un « gouvernement » de Pale constitué de notables serbes des montagnes, qui dirigent un petit peuple principalement paysan, engagé dans des milices à la valeur militaire médiocre mais à la cruauté sans faille, le plus souvent excitée par une forte consommation d'alcool. Milosevic contrôle directement l'état-major de Pale, par le biais de méthodes héritées de la période communiste. Le général Radko Mladic, principal chef militaire bosno-serbe ainsi que la plupart des officiers généraux opérant en Bosnie pour la partie serbe sont des anciens des services secrets de Belgrade, dévoués pour l'essentiel à la personne de Milosevic.

L'étonnant de l'affaire, c'est que ce petit peuple musulman et européen, abandonné de tous, que la conjonction des nationalismes voisins aurait dû écraser en quelques semaines, refuse énergiquement de mourir. Arc-boutés sur l'idée d'une Bosnie unitaire et pluraliste, déterminés à souffrir et à ne pas céder, les Musulmans de Bosnie, et notamment ceux de Sarajevo, opposent une résistance farouche aux décrets de la *realpolitik*. Ils auraient dû succomber rapidement. À force de sacrifices, ils bloquent l'avance serbe, empêchent la chute de Sarajevo et constituent lentement une armée capable de reconquérir, le jour venu, le territoire perdu.

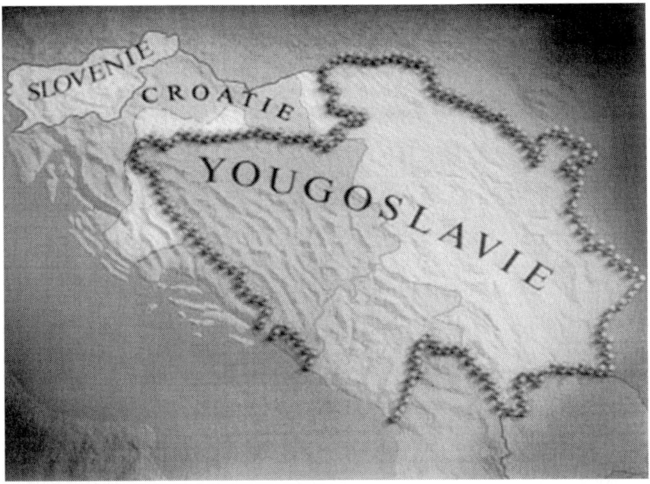

La Yougoslavie telle que l'imaginaient les Serbes : une union entre la Serbie, le Montenegro et la Bosnie, dirigée par Belgrade, et deux zones limitrophes à dominante serbe, la Slovénie et la Krajina.

LA TRAHISON DES DÉMOCRATIES

Dans une telle situation, était-il possible aux démocraties d'empêcher la guerre, ou bien de l'arrêter ? Autour de cette question, des centaines d'intellectuels, de militants, d'experts, de responsables politiques se sont opposés les uns aux autres dans l'un des débats les plus virulents de l'après-guerre. Après quatre années de conflit, le déroulement des faits et le témoignage d'acteurs décisifs permet d'apporter une réponse : oui, il était possible d'intervenir. Cette intervention comportait sa part de risque, comme toute opération politico-militaire. Mais elle aurait permis de sauver des centaines de milliers de personnes de la mort ou de la déportation et, accessoirement, de préserver l'honneur et le crédit politique des grandes démocraties.

Ayant été incapables de prévenir l'explosion par la négociation, ayant refusé de déployer des casques bleus quand il en était encore temps, les gouvernements occidentaux observèrent avec un mélange d'incrédulité et d'horreur se déchaîner des haines qu'on croyait bannies en Europe depuis un demi-siècle. Mais pour des raisons variées, aucun n'était disposé à prendre des risques importants pour ramener la paix dans les Balkans. Pour les uns, la victoire serbe était un moyen de rétablir l'ordre dans cette région explosive. Pour les autres, ces peuples sanguinaires devaient vider leur querelle avant de songer à s'accorder. La guerre, aussi terrible soit-elle, déboucherait sur un partage territorial qui permettrait enfin à chacun de vivre chez soi, puisque ces Slaves étaient manifestement incapables de se mélanger.

L'important, au fond, était que les combats ne s'étendent pas au-delà d'une zone bien délimitée : la Bosnie et les confins de la Croatie. Tant qu'ils restaient dans ces limites, les Yougoslaves pouvaient s'entretuer à loisir. Personne ne viendrait les en empêcher. Tout le jeu des puissances consista donc à contenir la guerre à l'intérieur de la Bosnie sacrifiée, à établir un blocus économique sur la Serbie, mauvaise élève de la classe, et un embargo sur les armes qui gêna surtout la partie musulmane. Pour le reste, on essaierait, par le truchement de diverses institutions ou groupes *ad hoc* – diplomatie traditionnelle, envoyés de la Communauté européenne, groupe de contact – de trouver un compromis que les trois parties en présence veuillent bien accepter. Aux yeux des dirigeants occidentaux, cette politique minimale était la seule possible. Pour aller plus loin, c'est-à-dire pour imposer un accord politique dans l'ex-Yougoslavie, il fallait s'engager dans la guerre, autrement dit accepter à l'avance des pertes en vies humaines que l'opinion refuserait au bout de quelques semaines. Alors viendrait le temps de l'enlisement et du retrait. Plutôt que d'avancer imprudemment pour reculer honteusement un peu plus tard, mieux valait ne pas bouger.

Comme l'opinion s'émeuvait – on l'aurait fait à moins – du sort des populations civiles bosniaques ou croates, et notamment du calvaire enduré par les habitants de Sarajevo, les États favorisèrent le développement d'une action humanitaire de grande envergure. Des centaines de militants des ONG françaises, anglaises, allemandes ou scandinaves se retrouvèrent sur les routes de Bosnie barrées par les miliciens serbes, ou bien dans les immeubles défoncés du centre de Sarajevo pour prodiguer un maigre réconfort aux Yougoslaves abandonnés. En partie sous la pression de l'opinion, en partie parce qu'ils voyaient dans l'action humanitaire un paravent à leur inaction militaire, les gouvernements favorisèrent ces opérations. On vit ainsi s'organiser en Bosnie un étrange ballet militaro-humanitaire dans lequel les soldats de la Forpronu furent transformés en logisticiens d'ONG et en gardes du corps pour intellectuels en visite. Des milliers de tonnes de vivres furent envoyées aux populations musulmanes décimées par les miliciens serbes. Comme ceux-ci contrôlaient les routes, les victimes durent partager cette aide avec leurs bourreaux. Tout en dénonçant les exactions serbes, les gouvernements se refusaient en effet à désigner un agresseur dans les guerres de l'ex-Yougoslavie. Les casques bleus étaient tenus à l'impartialité : il leur fallait négocier en permanence le moindre mouvement avec les bandes armées qui infestaient la Bosnie.

On a beaucoup critiqué ce « cirque humanitaire », rideau de fumée déployé devant la démission des États, terrain de jeu pour intellectuels en mal d'émotions fortes, pantomime humiliante pour une armée dont la mission consiste à faire la guerre, et non à singer les militants caritatifs. Il y a un peu de vrai dans tout cela, et le ressentiment souvent exprimé par la population de Sarajevo à l'égard de ce théâtre hypocrite montre bien les limites du genre.

Pourtant il faut défendre l'action humanitaire. D'abord

par respect envers ces centaines de militants anonymes qui ont risqué leur vie – et l'ont parfois perdue – pour apporter en Bosnie des vivres, des médicaments, des livres, et un signe de solidarité à l'égard des Yougoslaves meurtris par le cynisme des États. Ensuite parce que sans ce dévouement opiniâtre, sans le retentissement qu'intellectuels et ONG ont su donner à leur action et au sort tragique des victimes, il est infiniment probable que le destin sinistre de la Bosnie aurait vite rejoint les colonnes de brèves des dernières pages des quotidiens, pour sombrer dans l'indifférence. Le « cirque humanitaire », outre qu'il a soulagé la peine de centaines de milliers de civils, a maintenu la pression sur les gouvernements, dénoncé à la face du monde les exactions des soldats, serbes en général, croates ou musulmans parfois, et obligé les grandes démocraties à rester en Bosnie pour chercher les voies d'un compromis. Sans lui, les Occidentaux se seraient rapidement retirés des Balkans et les Yougoslaves seraient tombés dans la trappe meurtrière qui attend les peuples sacrifiés par l'Histoire.

Était-il possible de faire mieux ? Était-il possible, non seulement de venir en aide aux civils, mais aussi d'imposer par la force une solution négociée ? Les officiels occidentaux et beaucoup d'experts répondent non. L'armée serbe, disent-ils, était trop forte : impossible de la faire reculer sans engager contre elle des dizaines (voire des centaines) de milliers d'hommes au sol. Personne n'était prêt à se lancer dans une opération qui demandait de surcroît l'engagement des forces américaines, au moins en soutien aérien. Cet engagement, de plus, risquait de durer bien plus que prévu. Peuple dur, entraîné à la guérilla, bien armé, à bien des égards fanatique, les Serbes pouvaient rendre impossible la vie d'un corps expéditionnaire de maintien de la paix. L'ex-Yougoslavie serait devenue le Viêtnam des démocraties. Sans compter qu'un conflit ouvert et prolongé risquait de s'internationaliser : les Russes n'auraient pas laissé leurs frères slaves en butte à une intervention massive des Occidentaux sans réagir. Quatre-vingts ans après, Sarajevo serait une nouvelle fois devenue le détonateur d'une crise européenne et guerrière.

Le problème pour ce plaidoyer convaincant, qui a justifié l'inaction des démocraties aux yeux des politiques, des éditorialistes et de l'opinion, c'est qu'il a été réfuté entretemps par ceux-là mêmes qui l'employaient. L'invincibilité serbe a été ruinée par les Croates pendant l'été 1995, quand leur armée nouvellement constituée a reconquis sans coup férir toute la Krajina, objectif pourtant majeur de la politique de Milosevic pendant toute la guerre. Le siège de Sarajevo a été desserré par les soldats français et anglais, avec l'engagement de la force d'action rapide et de quelques milliers d'hommes, pratiquement sans pertes pendant le même été. Quand Laurent Fabius, pour ne citer que lui, avait proposé dès 1992 le bombardement des artilleurs serbes qui terrorisaient la population de Sarajevo, les « réalistes » avaient fustigé son irresponsabilité et les militaires récusé toute pertinence stratégique à cette proposition. Trois ans plus tard, c'est un bombardement de cette nature, mis en œuvre par l'OTAN, qui a obligé les mêmes artilleurs à se retirer.

Radovan Karadzic, dont les soldats ont dissuadé les Occidentaux de toute intervention pendant trois ans, le dit candidement dans le film de Brian Lapping, *Suicide of a Nation* : « Avec cinq mille hommes de l'OTAN déployés à l'un ou l'autre des points stratégiques de la Bosnie, nous ne pouvions plus tenir. »

La vérité, c'est que les experts militaires occidentaux ont parlé sur ordre. Pour éviter un débat sur l'intervention où les responsables politiques se seraient retrouvés en posture d'accusés, les militaires ont décrété que cette intervention était, de toutes manières, impossible. L'argument technique a remplacé le débat politique. Alors qu'en fait l'armée fédérale, engagée sur un front trop étiré, obligée de tenir un territoire trop vaste, était en situation de vulnérabilité. D'où son recours systématique à l'artillerie lourde. Son moral, au demeurant, n'était guère vaillant. Les miliciens serbes de Bosnie et de Krajina se battaient pour leur sol et leur maison. Mais ils n'avaient pas de formation militaire sérieuse. Leur compétence consistait surtout à tirer les passants de Sarajevo au fusil à lunettes, à abattre les prisonniers et à brûler les maisons croates ou musulmanes. Les militaires de profession étaient dans l'armée fédérale. Ce sont eux qui mettaient en œuvre les canons, les avions et les chars d'assaut qui assuraient la supériorité serbe. Mais beaucoup dans cette armée étaient des appelés de Serbie, pour qui la cause des « frères de Krajina ou de Bosnie » ne valait pas un engagement a mort. Aussi bien, le moral d'un artilleur reste excellent tant qu'il peut envoyer des obus sur Sarajevo sans craindre de réplique. Il change du tout au tout quand il sait que chaque coup tiré par lui entraîne une riposte meurtrière, ainsi que l'a démontré l'expérience de la force de réaction rapide à l'été 1995. Au vrai, tout « fanatiques » qu'ils soient, les citoyens serbes ne sont pas des kamikazes. Manifestement, ils ne sont pas prêts à soutenir le projet de grande Serbie à n'importe quelles conditions. Quand la Krajina est retombée aux mains des Croates, Seselj et les leaders de l'extrême-droite ont cherché à lever des troupes neuves à Belgrade. Ce fut un échec cuisant.

Sans armement lourd, sans entraînement, sans traditions militaires, la petite armée du gouvernement de Sarajevo a tenu les assiégeants en haleine pendant trois ans. À l'automne 1995, une fois mieux armée, elle a reconquis une grande partie du territoire perdu au début de la guerre. La leçon de ces développements récents est claire : confrontés à une force professionnelle bien armée, disposant d'une maîtrise totale de l'air, pouvant engager les armes les plus modernes, l'armée serbe n'aurait pas tenu. Il n'était d'ailleurs pas nécessaire d'engager ces forces au sol de prime abord. Les bombardements lancés par l'OTAN pendant l'été 1995 l'ont démontré : en détruisant lentement et patiemment le dispositif serbe en Bosnie, les Occidentaux n'encouraient pratiquement aucune perte et affaiblissaient inexorablement leurs adversaires. Dans cette hypothèse, le temps travaillait pour eux et plongeait le camp serbe dans une impasse stratégique.

Tout cela est bel et bon, répondra-t-on, mais avec quel projet politique s'engager ainsi ? Avant de recourir à la force, il faut savoir ce qu'on veut en faire. S'agit-il de restaurer l'intégrité de la Bosnie, d'écraser les Serbes, de présider à un partage des territoires en dispute ? Sans buts de guerre clairement définis, pas de guerre. Là encore, le déroulement des faits parle de lui-même. On sait maintenant qu'un déploiement préventif de soldats occidentaux aurait empêché la guerre et obligé les parties à négocier un compromis. À chaque stade du conflit, l'objectif politique de l'intervention aurait été le même : imposer un compromis acceptable par les trois parties. Réalisme oblige, ce compromis n'était pas le même selon que l'intervention aurait eu lieu à tel ou tel moment. Il aurait fallu évidemment tenir compte de l'évolution du rapport de forces sur le terrain. Au début de la guerre, il était encore possible de maintenir une Bosnie unitaire. Plus tard, le partage – solution mauvaise, mais moins mauvaise que la poursuite des combats – aurait dû prévaloir. À condition, bien sûr qu'il ne soit pas totalement inacceptable par l'une des parties. L'important, en fait, était d'affaiblir le camp le plus fort – en l'occurrence les Serbes – pour rétablir un équilibre qui rende à chacun la poursuite de la guerre plus coûteuse que l'acception d'un compromis.

Or les efforts diplomatiques des Occidentaux ont surtout consisté, au fil du temps, à entériner les conquêtes serbes et à demander aux autres parties de renoncer à leurs revendications. Moyennant quoi, quand le gouvernement de Sarajevo se résigna à un partage, les Serbes de Pale refusèrent le plan, jugeant qu'il faisait encore la part trop belle aux Musulmans.

Clé de la paix, l'affaiblissement de la partie serbe a été

obtenu après quatre ans de guerre, grâce au blocus économique, et surtout grâce à la constitution d'une armée croate efficace. Voyant que le temps travaillait contre eux, les dirigeants serbes renoncèrent à combattre pour la Krajina. Un territoire qui avait été l'enjeu et le théâtre de la première guerre serbo-croate en 1991, pour lequel des milliers de soldats étaient morts, fut perdu par Belgrade en une semaine. Les Serbes de la région durent fuir devant leurs ennemis, c'est-à-dire abandonner une terre qu'ils habitaient depuis des siècles. Déclenchée officiellement pour protéger la minorité serbe de Croatie, la guerre de Milosevic aboutit à son expulsion massive. Rarement une politique aura échoué à ce point.

Le même retournement risque maintenant de se produire en Bosnie. Renforcés par la déconfiture des Serbes en Croatie, les Musulmans veulent prendre leur revanche. Faute d'un compromis imposé plus tôt par les démocraties, Sarajevo voit dans la poursuite de la guerre un espoir de reconquête. Entretemps, le gouvernement américain a pris des mains européennes défaillantes le flambeau fragile de la négociation. Il lui faudra beaucoup d'énergie pour empêcher cette logique de prévaloir. Pourquoi, au demeurant, les Musulmans accepteraient-ils de revenir à la raison, quand on a laissé quatre années durant leurs ennemis avancer en commettant crime sur crime ? Impuissante et humiliée, l'Europe doit laisser aux Américains le soin de régler ses affaires. La guerre sans fin, ou la paix américaine : l'Europe n'a pas fini de payer son renoncement.

L'histoire avant le conflit

1389. Les Turcs battent les Serbes à la bataille de Kossovo.

1453. Chute de Constantinople.

1462. Les Turcs conquièrent la Bosnie.

1529. Premier siège de Vienne par les Turcs.

1683. Deuxième siège de Vienne et échec définitif.

1804. Insurrection de Karageorges en Serbie.

1815. Révolte de Milos Obrenovic.

1817. Obrenovic prince de Serbie.

1830. Autonomie de la Serbie.

1850. La langue serbo-croate est officialisée.

1867. Les Turcs évacuent la Serbie.

1878. Congrès de Berlin : les Autrichiens occupent la Bosnie.

1903. Assassinat du roi Milan Obrenovic en Serbie. Remplacé par Pierre Ier Karageorgevic.

1908. L'Autriche annexe la Bosnie.

1914. Un nationaliste bosno-serbe lié aux services secrets de Belgrade assassine l'archiduc autrichien François-Ferdinand. Ultimatum autrichien contre la Serbie. Mobilisation générale par le jeu des traités, début de la guerre mondiale.

1915. Les Autrichiens battent les Serbes qui se retirent par l'Albanie.

1916-1918. L'armée franco-serbe de Franchet d'Esperey reconquiert la Macédoine et la Serbie contre les Autrichiens à partir de Salonique.

1918. Création du royaume des Serbes, Croates et Slovènes.

1921. Vote de la « constitution de la Saint-Guy ».

1928. Assassinat du leader croate Stjepan Radic.

1929. La constitution est suspendue, le roi Alexandre établit une dictature dans le royaume de Yougoslavie.

1934. Le roi Alexandre est assassiné à Marseille par des activistes croates.

1939. Signature d'un compromis serbo-croate.

1941. Signature par la Yougoslavie du pacte tripartite. Renversement du régent Paul signataire, avènement de Pierre II. Furieux de ce camouflet, les Allemands attaquent la Serbie, bombardent Belgrade et occupent le pays. Création, sous leur influence, de l'État libre de Croatie dirigé par l'oustachi Ante Pavelic. Formation du gouvernement collaborateur Nedic en Serbie. Début de la résistance.

1942. Création d'un « conseil antifasciste ».

1943. Création du « Comité de libération nationale ».

1944. Victoire de Tito, création de la Fédération de Yougoslavie.

1945. Capitulation de l'Allemagne.

1948. Rupture Tito-Staline.

1971. « Printemps croate » et répression.

1974. Nouvelle constitution plus fédérale.

1980. Mort de Tito.

1981. Émeutes au Kossovo.

1987. Début des campagnes de meetings au Kossovo et en Serbie.

1989. Milosevic installe des hommes à lui en Serbie et au Montenegro. Fondation des partis indépendantistes en Croatie et en Slovénie.

1990. État d'urgence au Kossovo, suspension du gouvernement et du Parlement de la province.

Élections en Croatie, victoire de Tudjman.

Référendum sur l'autonomie serbe en Krajina.

Premier incidents à Knin.

Novembre. Élections en Bosnie.

Décembre. Vote de la constitution croate et référendum sur l'indépendance en Slovénie.

1991.

Février. La Krajina proclame sa séparation d'avec la Croatie.

Mars. Premiers incidents mortels en Croatie. Début du mouvement de l'armée fédérale.

Mai. Référendum en Croatie, indépendance.

Juillet. Attaque d'irréguliers serbes dans toute la Croatie.

Août. Guerre : l'armée fédérale attaque massivement les Croates.

Septembre. Embargo de l'ONU sur les armes.

Octobre. Vukovar encerclé et détruit, bombardement serbe sur le palais présidentiel de Zagreb.

Novembre. Chute de Vukovar.

Décembre. Reconnaissance de la Croatie et de la Slovénie par les Européens.

1992. Référendum en Bosnie, indépendance, début de la guerre de Bosnie et du siège de Sarajevo.

Mille et une nuits propose des chefs-d'œuvre pour le temps d'une attente, d'un voyage, d'une insomnie…

Derniers titres parus chez le même éditeur

49. Virginia Woolf, *Le Faux Roman*. 50. Primo Levi, *Le Devoir de mémoire*. 51. Omar Khayyām, *Quatrains*. 52. Épictète, *Manuel*. 53. Blaise Pascal, *Discours sur les passions de l'amour*. 54. Alfred de Musset, *Le Fils du Titien*. 55. Montaigne, *De l'amitié*. 56. Mark Twain, *Le Journal d'Ève*. 57. Anton Tchekhov, *La Dame au petit chien*. 58. Charles Baudelaire, *Conseils aux jeunes littérateurs*. 59. Sade, *Français, encore un effort…* 60. Dante, *Vita Nova*. 61. Giacomo Leopardi, *Éloge des oiseaux*. 62. Paul Verlaine, *Femmes*, suivi de *Hombres*. 63. Vladimir Nabokov, *Bruits*. 64. Guillaume Apollinaire, *Le Roi-Lune*. 65. Joseph Conrad, *Le Compagnon secret*. 66. Cicéron, *L'Amitié*. 67. Philip K. Dick, *L'Orphée aux pieds d'argile*. 68. Montesquieu, *Éloge de la sincérité*. 69. Raoul Vaneigem, *Avertissement aux écoliers et lycéens*. 70. Lorris Murail, *La Méthode albanaise*. 71. Clifford D. Simak, *Mirage*. 72. Pa Kin, *À la mémoire d'un ami*. 73. Oscar Wilde, *Aphorismes*. 74. James Graham Ballard, *Le Massacre de Pangbourne*. 75. Herbert George Wells, *Le Nouvel Accélérateur*. 76. Étienne de la Boétie, *Discours de la servitude volontaire*. 77. Michael Moorcock, *Souvenirs de la Troisième Guerre mondiale*. 78. Hermann Hesse, *Mon enfance*. 79. Raphaël Confiant, *La Savane des Pétrifications*. 80. Jonathan Swift, *Modeste proposition*. 81. Les Proverbes de Salomon. 82. Edgar Poe, *La Lettre volée*. 83. Lautréamont, *Poésies*. 84. Eric Ambler, *L'Ennemi intérieur*. 85. Jorge Semprun-Elie Wiesel, *Se taire est impossible*.

Pour chaque titre, le texte intégral, une postface, la vie de l'auteur et une bibliographie.

Achevé d'imprimer en octobre 1995,
sur papier recyclé Ricarta-Pigna par G. Canale & C. SpA (Turin)